Kenza L.

Le Maroc Visionnaire

Kenza L.

Le Maroc Visionnaire

Pensez en couleurs!

Éditions Muse

Imprint
Any brand names and product names mentioned in this book are subject to trademark, brand or patent protection and are trademarks or registered trademarks of their respective holders. The use of brand names, product names, common names, trade names, product descriptions etc. even without a particular marking in this work is in no way to be construed to mean that such names may be regarded as unrestricted in respect of trademark and brand protection legislation and could thus be used by anyone.

Cover image: www.ingimage.com

Publisher:
Éditions Muse
is a trademark of
Dodo Books Indian Ocean Ltd., member of the OmniScriptum S.R.L Publishing group
str. A.Russo 15, of. 61, Chisinau-2068, Republic of Moldova Europe
Printed at: see last page
ISBN: 978-620-3-86433-5

LE MAROC VISIONNAIRE

LIVRE DE POCHE

- KENZA L.
- PAGES : 54 pages
- TITRE : LE MAROC VISIONNAIRE
- LANGUAGE : FRANCAIS
- STYLE : LITTERAIRE
- CIBLE : TOUT PUBLIC
- SYNTHESE : VOIR AUTREMENT LES COULEURS DU MAROC

SOMMAIRE

SYNOPSIS

Le MAROC est un havre de paix en termes de bien-être et de voyages ; un pied sur terre ou l'on peut skier et bronzer dans la même saison. Sa magie est sur un pied d'escale pour en discuter et loger les oreillers. Mais une chose est sure, toute appartenance est une fierté nationale, un accomplissement personnel et une voix internationale à démontrer la réalité conviviale, les wagons des souvenirs et la transposition de certains points pour une vision claire et sans transition.

Le MAROC, dans sa catégorie, est un pays à multiples facettes et colorée, et on ne peut denier l'élasticité et le choix de ses secteurs d'activité pour étayer toute la réflexion pédagogique, d'un pays en retentissement a tous les niveaux, damant les recevabilités hypothétiques de toute la redondance monographiques. Toute correspondance entre deux évènements isolés est un constat positif de créativité, relativité et compatibilité des informations, entre passé, présent et futur.

LE MAROC INTERNATIONAL ...

Le Maroc est un pays phare de la culture internationale, entre un tapis rouge et une écologie verte ; un pays à multiples facettes et normes culturelles, adossées sur une surface mitigée, ne souhaitant prendre la place a personne et ne dérangeant quiconque, cherchant par la voix de l'intérieur, à exploiter les richesses existantes et à créer d'autres. Le Maroc relate sur la scène internationale, la richesse de l'Islam, la générosité d'une culture et la fierté patriotique.

Tout pays a le droit de dire 'JE' sauf qu'au Maroc, on dit 'NOUS' ; cela représente une éducation racine, un savoir-être jovial et un groupe sanguin multiculturel.

Dire que le Maroc est un pays certes, le Maroc est surtout 'NOUS', en tant que citoyens sans connotation religieuse, en tante qu'Humains sans oubli courageux, et une vivacité souriante à travers les lignes de nos visages et nos frontières.

Les frontières portent des rides, comme nos visages définissant l'Histoire, la culture, le vivre-ensemble, notre Roi, votre fierté patriotique et notre résistance a toutes les circonstances. Toute Nation est présente mais la nôtre est omniprésente, par cette suprématie simpliste à définir notre chemin, à promouvoir notre culture, a s'entraider dans le besoin, à accepter nos défauts, à déambuler les marches du Palais Royal et à soutenir ses décisions car **la Marocanisation est là.**

Le Maroc se conjugue à multiples facettes et couleurs, il voyage au sein du même territoire à travers les dialectes, les régions, les différences culinaires et l'Actif inégalé du mouvement. A votre atterrissage, le temps s'estompe et laisse le soleil vous bercer sur un air enchanté de mots accueillants et de dires subliminaux, au point de vouloir garder un pied-à-terre.

Les couleurs sont notre différence et notre richesse, la Bleue CHEFCHAOUEN, la rouge MARRAKECH, le jaune RABATI et le vert JADIDI, le multi TANJAOUI, ...

Les matières ne manquent pas comme les produits naturels, tout est jadis là. Entre cuisine et cosmétique, le savoir-faire Marocain crée l'espoir chez les Européens et les Américains ; DAKHLA et MARRAKECH sont les témoins de ces dires. Tapisser les meubles, façonner les plafonds, faire parler le bois ou pénichier le poisson ; entre Artisanat et Industrie, l'inspiration ne manque pas de générosité créative. Toute maison Marocaine en témoigne, de la plus classique jusqu'à la plus décorée ; on naît, on vît et on meurt Marocains qu'on le veuille ou non, c'est un Destin.

Au-delà de cette multi-facette, on aide les autres à travers les dons, les créations de nos produits, notre architecture ou encore notre exportation. S'entraider est un code génétique que personne ne connait le secret malgré le fait qu'on s'obstine, on râle et on se fâche, on aide toujours les autres à la fin, dans le respect de notre fierté et notre dignité.

Si votre Nationalité ne porte pas la Marocanisation, votre cœur la portera pour vous et les témoignages en sont la preuve vivante. On n'est pas à l'abri, politiquement et socialement de nuisances inconjugables, mais le savoir-vivre et la communication portent leur voix Outre-Atlantique, pour débrayer les nœuds et abois solitaires. L'Art de vivre est Marocain et son peuple le porte aussi bien avec le local, qu'avec l'Etranger.

Je suis MAROCAINE, de cœurs qui ne battent pas !

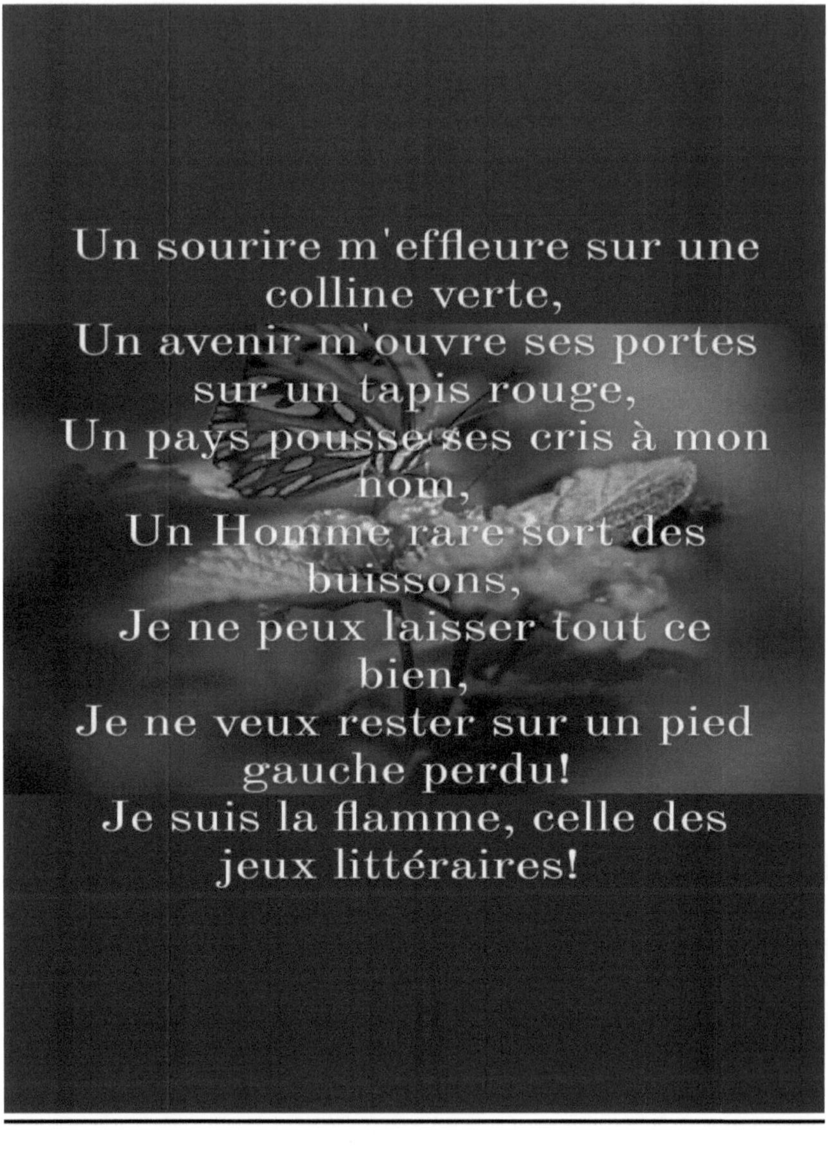
Un sourire m'effleure sur une colline verte,
Un avenir m'ouvre ses portes sur un tapis rouge,
Un pays pousse ses cris à mon nom,
Un Homme rare sort des buissons,
Je ne peux laisser tout ce bien,
Je ne veux rester sur un pied gauche perdu!
Je suis la flamme, celle des jeux littéraires!

LE MAROC, STRATEGIES ...

Pour pouvoir renflouer les actions mises en place, certaines idées se déballent et se présentent naturellement :

i. CIRCULATION DU CASH

A mon point de vue, pour minimaliser la circulation de l'espèce ou du cash, il faudra une caisse ou un bureau central unique, et effectuer un virement unique a la société ou à l'état ou un Swift. Cela se traduirait par une centralisation de trésorerie, sous forme d'un bureau de change qui monétise les factures en paiement cash et les traduire par un regroupement pour l'entité en question.

La caisse centrale permettra de séparer le professionnel des particuliers, d'effectuer les contrôles, et de relativiser les différents aléas quotidiens.

Cette caisse est une caisse centrale, par secteur d'activité :

- ✓ Plombiers, Mécano, Freelance, ...
- ✓ PME, PMI, Collectivités, ...
- ✓ Multinationales
- ✓ Finance
- ✓ Autres

Ensuite, le nombre de caisse à créer doit dégager une réelle valeur ajoutée, pour réduire les flux de transactions et dérouter les différents payeurs vers des solutions électroniques. La solution est une solution de transition, pour alléger l'effectif et les dossiers traités, qui s'accumulent. A contrario des autres caisses, Les multinationales seront une forme d'union afin de :

- ✓ Une union pour réduction des couts généraux ou indirects, par secteur
- ✓ Ce n'est pas du Low-Cost, ceci est une réduction de couts de manière partagée, entre entreprises du secteur.

ii. Au niveau SPORT

Pour répondre à la question des quartiers et de leurs différents aléas, il est important de :

- ✓ créer des clubs quartiers pour différents sports dans différentes villes, en guise de prototype et de créer des tournois a différentes appellations et buts
- ✓ L'idée est de favoriser le jeu national, et augmenter la capacité des joueurs à être plus compétitif
- ✓ Pour sponsoriser cela, faire appel aux entreprises pour une collaboration régionale, pour des financements à pub ou à développement de produits.
- ✓ Les jeux seront tous les dimanches, vacances inclus
- ✓ La notoriété nationale du jeu, donne un élan, pour que chaque maison ait un joueur en football, dans la limite du possible.

- ✓ Ceci peut devenir transversal, vers d'autres sports, en fonction du sponsoring.

iii. Au Niveau TECHNOLOGIES/ INNOVATION

Il devient indispensable d'avoir :

- ✓ Des bornes connectées, partout dans les villes, quelque soit le quartier et la ville
- ✓ D'avoir des projections d'informations sur les villes, en temps réel
- ✓ D'avoir des autoroutes intelligentes, avec un sol qui récupère la température de la voiture et du soleil pour emmagasiner l'énergie en bornes, pour différentes utilisations notamment INTERNET.

- ✓ D'avoir des matières, à base d'ENERGIE CONNECTEE, comme : CAOUTCHOUC, PLASTIQUE, VERRE, FER, ... Faits de produits classiques mais avec innovateurs, suite à une récupération de la chaleur, l'air, l'oxygène ou le carbone ; qui deviennent réutilisables.
- ✓ D'avoir une reconnaissance faciale pour : accès Parking, Immeuble, accès résidence....
- ✓ Une Maintenance Concierge digitalisée, en digicode, par appel à la plateforme
- ✓ Des changements de couleurs/lumière, en fonction d'identification routière, zone, alerte température, réchauffement, inondations, ...

- ✓ UN système robotique, pour les pannes de voitures/ accidents/ remorquage/ déménagement
- ✓ D'avoir des voitures, avec détecteur d'alcool pour limiter les accidents-enfants au centre-ville.
- ✓ Collecte de poubelle en système sous-terrain
- ✓ Détecteur bagarre/altercation

LA REVOLUTION INTELLECTUELLE ...

Toute histoire humaine est une combinaison entre différents facteurs, tels que les personnes, l'environnement et un sujet. Un sujet doit être phare de toute équation énigmatique de la Révolution Intellectuelle. La cadence de la révolution intellectuelle résulte de la ponctualité économique à produire des marques significatives, gérant l'actualité et l'avenir. Le Maroc a dopée son marche de plusieurs initiatives économiques, laissant sa capacité intellectuelle sur une autre rive, pour créer une base solide de construction économique et baliser par l'occasion l'ensemble de tous les rêves sectoriels. Aujourd'hui, le pays atteste d'une économie et d'une industrie en progression, laissant la dopamine aux startups, aux inventeurs et a l'innovation ; lui servant uniquement de pilier stratégique et un levier analytique. On vit une restructuration des activités, de part la réalité COVID et d'autre part, la facette

Le cœur Marocain ne porte pas de nationalité ; il bat, il mange et il respire Marocain. La résultante d'une vie marocaine est un cœur rouge avec une Etoile verte, le cœur soit-il pour exister mais l'Etoile porte l'espoir de beaucoup de gens, vers un rêve unique de cœurs différents et vraisemblablement ingénieux.

Le retentissement Marocain résonne comme l'ultimatum, de toute une génération future ; il déroge a la règle générale pour nous procurer des résultats colorés, soumis à une révolution intellectuelle et novatrice de la « Créativité culturelle ». Tout questionnement ne s'appuie pas sur une lignée disparate, il fonctionne d'une manière continue pour accomplir des réalisations.

LE RETENTISSEMENT MAROCAIN ...

Un simple geste est une illumination dans un monde brusque, impardonnable et coupée du monde. Le rêve, dans une vie, ressemble à un ensemble d'éléments simultanés pour démêler les problématiques, entre les différentes parties prenantes.

Pour exécuter un plan stratégique de communication, il est nécessaire, voire indiscutable de contribuer à la vie quotidienne, par un geste minimal d'entraide. Le sourire et la compréhension s'intègrent de manière inéluctable. Afin d'atteindre le but ultime et démêler les nœuds de nuisance confondus, entre les lignes cachées. Répondre a des problématiques de fond, et pouvoir atteindre l'ultime objectif, il devient indispensable de discuter la charte des sujets emblématiques et dysfonctionnels. Dire qu'un point de rencontre de deux sujets contradictoires, c'est un panel d'analyse et de qualification culturelle ; La communication est la mission de l'actualité binaire. La minorité est discutable à des extrêmes controversés, sans pureté fondamentale, de la sphère internationale.

WHITEWASH = Scandale Etouffé

Donner un élan ou un coup de pouce à un sujet donné, il est important de déterminer la trajectoire conjoncturelle ; une manière différente de détailler les points indispensables certes, tout ne rentre pas dans le « BOX », interrompu d'une boite à Idées (BAI). Tout traitement de l'information est une pratique inconditionnelle, de la raison d'être. Le génie est un leurre, sans intérêt, dans un environnement mal conçu, ou indisposé à recevoir cette information importante. Toute relativité de l'application de la génisse dans un environnement à bas couts, afin de restaurer la manière subjective, que toute communauté disparate, à appliquer les éléments de manière très significative.

➢ L'enseignement des erreurs aux gens

C'est une contrefaçon de la façon, de diversifier les sujets et les regards dans un mix mitigée ; l'erreur est humaine, aucune conception ne donne le droit de négliger la sorte d'être utile et inutile. Pour défendre notre intérêt, il est important de définir l'erreur et son environnement ; cette définition est une représentation ludique de recadrer l'erreur et son implication, d'identifier la source de tout élément diffèrent de la réalité imaginaire.

Toute relecture des informations est une combinaison d'hypothèses connues et inconnues, combinées sous un angle interrompu.

La relativité de l'information est une définition d'un élément lunda, dans un espace ouvert. Toute information subit un stress, un mouvement, une force, une pression et une interactivité substantielle ; pour répondre a cette problématique, cela est devenu un point de dispersion d'une force colossale et la suite de toutes ces informations et leur dispersion. Aucune relativité ne pourrait expliquer l'inconditionnel comportement, ….. ?????

LE MAROC ....

Un débat entre le CŒUR et le CERVEAU, tout est dans le « C », c'est une vitamine C pour tous les Marocains et les non-Marocains, mais surtout une terre chaleureuse, ou on se sent chez nous, sans racisme, sans prévaloir, sans rejet social, et sans répartition ethnique.

On a des manques sociaux et des remaniements politiques, comme tous les pays ; aucun Marocain ne pourra prétendre qu'il a été rejeté de la société Marocaine, car elle est accueillante avec ses qualités et ses défauts. Une vraie patrie, aussi pour ceux qui sont nés à l'extérieur. On s'identifie rapidement et on préfère le rouge et le vert, même si ces couleurs ne sont pas tendance. On y a trouvé le charme grâce à notre imagination, entre le rouge de notre sang et le vert de notre terre.

Un pays, d'une première richesse agricole, avec des capacités monumentales pour l'industrie, une main d'œuvre qualifiée et un avenir prometteur. On se plaint car on n'a pas les yeux extérieurs du cœur intérieur mais, en visitant d'autres pays, on devient prometteur touristique de notre pays sans contrepartie.

Parfois, il se trouve par magie on enjolive le Maroc de façon à défendre un pays, avec ses lacunes, mais ses rides frontalières nous rendent nostalgique de cette magie intérieure, de ses couleurs, de sa musique et ses rêves à dépasser ses frontières. Est-ce par volonté, par dépassement de soi, par confrontation des difficultés ou encore par défense naturelle ?

L'esprit de découverte et d'ouverture sont notre base féerique, sur notre vie sans détonateur ou paralysie, on voit cet étranger ou terres étrangères comme une complémentarité singulière a notre pluriel, un monde dans une globe à compléter, une bougie sur un gâteau d'anniversaire, une lumière dans un noir absolu, ou une ouverture dans un monde fermée.

« **LE MAROC A UNE ETOILE, VOUS IMAGINEZ LE RESULTAT S'IL EN AVAIT PLUSIEURS** », par KEN.

Rouge + Vert =RV

Arrêt + Continuité = AC

2 points clefs dans notre vie

Si toute personne met du sien, et non son chien, il est possible d'établir de grands exploits ; mais notre savoir est limitée a deux couleurs : le Blanc et le Bleu.

Le MAROC est la définition de :

- Contradiction
- Juxtaposition entre deux Roues
- Création de la valeur, sans valeur initiale
- Le rêve, du Néant

LA REVOLUTION MAROCAINE ...

REVOLUTION > est un REVE avec une SOLUTION

>>> UNE Vision Innovatrice du MAROC Intentionné.

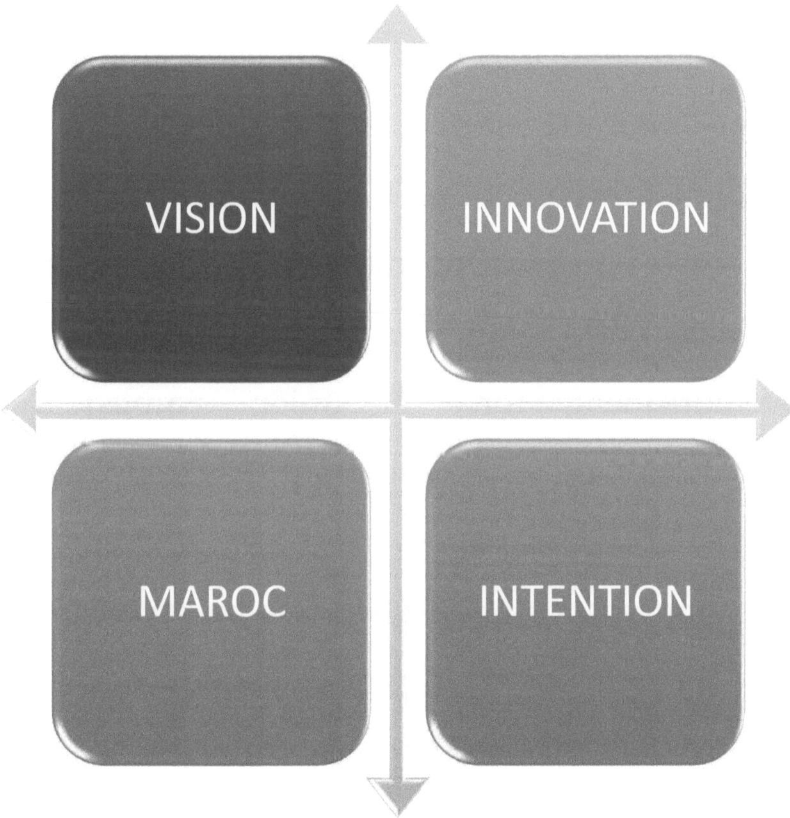

La Révolution Marocaine, est une manière pour nous en tant que Marocains, c'est de participer indifféremment, et de participer collectivement à une vision unique, pour promouvoir le Maroc en tant qu'une Union. Cela permet de s'entraider indifféremment, et sans lien précis a une force unique, pour développer des compétences dans tous domaines confondus. C'est en soi, une manière de montrer notre patriotisme et notre appartenance culturelle, entre religion et science, marocanité et développement, force et union simpliste et innovation. Il est important de visualiser l'ensemble des manières possibles, un avenir en Tapis Rouge avec une Robe verte ou en costume vert, grinçant sur 5 leviers dynamiques. Toute création collective est une vision unique et toute création unique est une descendance singulière d'une arborescence patriotique.

LA PLUME MAROCAINE…

J'ai parcouru les 100 pas ordinaires, sous un air camouflé, j'étouffais a force de chaleur. Je ne respirais plus bouger le mouvement ordinaire, je me suis retrouvée inerte, coupée du Monde, sans eau, sans électricité et sans Merci. J'ai fait le chemin habituel et j'ai traversé les nuages à travers un Samouraï simpliste 'La Plume', j'ai cru en cette magie intérieure qui a le pouvoir de me guérir à chaque instant de tous les malheurs stupides, et existants dans le Monde.

Je suis très ordinaire dans un monde imaginaire, à force de couper le souffle, j'ai dépassé les frontières pour atteindre le rêve domptée de toute créature. Je suis celle qui m'a d'adversaires ou d'amis ; je voyage à travers les pages à remplir les esprits creux, faims et vides de tout vocabulaire.

Je suis magnifique, je suis aimable et maléfique, je ne pourrai vous faire aimer 'le MOI', c'est une science libre et stupéfiante, les lois sont définies mais sans juge titulaire. Je ne vois la peur ou le bonheur, je ne ressens rien comme un 'sans cœur', je trouve toujours ma voie à partir d'expériences poutres et inoffensives, toutes résonnantes dans les esprits normaux. Je fais beaucoup de bien et peu de mal certes, ma maladie ne se résout qu'à une limite fine qu'est 'la plume'.

Ma durée de vie est limitée à son commencement et sa fin, les mains me trouvent à leurs gouts mais je n'ai d'empathie ou de sympathie pour personne ; tout le monde m'aime et certains ont du mal à coexister, certes.

Toute discussion est dans un sens unique, un sens ou je ne réponds, je ne regarde et je ne juge que les mots, évènements et histoires. J'aime avoir les idées et les faire exploser, je traverse le cœur, l'esprit et la voix mais je ne m'arrête pas à un simple 'NON'. Cela n'est qu'un mot qui signifie 'ce n'est pas pour cette fois-ci, cela sera pour une autre fois'.

La JOCONDE MAROCAINE …

C'est une image avec une fille, un Bike et 3 Nawrass suspendus en ciel. Une section de poésies sur une Lignée très particulière, qu'est la Réussite du MAROC.

UNE IMAGINATION VIVACE

Ciel et Terre, je vous remue

Vent et Boue, je vous retiens

Rien n'équivaut le panache de votre odeur

Je ne puis retenir mon souffle de cette ardeur

Je suis et je vis tout, au sens contraire

J'ai cru l'horloge, Invaincue

Mais les aiguilles tournaient à rude épreuve

Sans faute, je vous salue

Sans rancune, je vous défie

Que suis-je pour interpréter ?

L'interminable salut !

Au secours, dit-il d'un soin dépourvu

Mais suis-je la Hélas, pour y répondre !

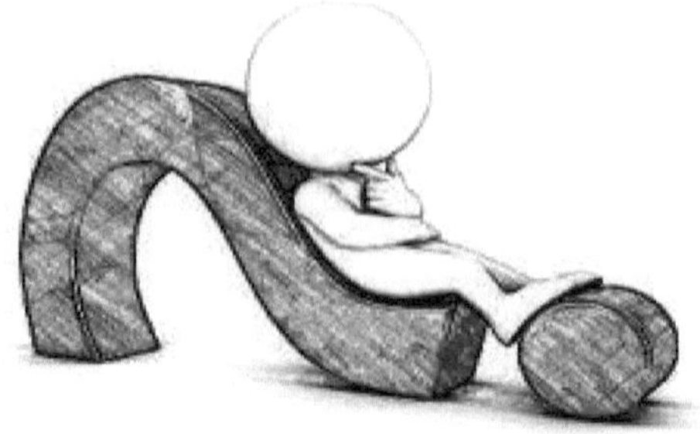

Slices

Des mots sans Fin, ni supplice
Le cœur bat en cascade, Forte croissance
Jamais les lignes ne se sont alignées
Toute persévérance est jadis, une reine
Comme toute histoire, Une parodie
A vue dégagée, C'est maléfique
A bras croisés, je ne peux m'engager
Juxtaposer les lignes dormantes,
J'ai affronté le noir à bras ouvertes,
Suis-je Bête ou une tête toute faite

Broye de Bonheur, autour de la glace
Je ne peux m'exprimer à distance
Cœur, exprime-toi en chaleur

Seuls les mots ont ce supplice
Action, une expression en douleur
Vengeance, je ne suis disponible
Amertume, Trouve ton chemin perdu

Réponse, tu es introuvable
Bagage fut inexplicable
Fatalité, prise pour Otage
En soit, J'ai trouvé Carthage
Toi, Amer vie soit-elle
Que toute excuse trouve sa sortie
Aux pouvoirs, je suis introuvable
Applicable, les instances répétées
Mots, Introuvables significations
Mouvement, je ne peux te trouver
J'ai sailli les lieux incolores
Reste l'espace de morosité sonore
Tout est néant, dans l'Absolu.

TANGER

Je me suis baladée dans les rues

J'ai vu une Etoile à pleine Lune

J'ai cru que le Rêve est devenu Nu

Et j'ai dit, que la lumière fut

Abondamment et surprenant la lumière,

De Tanger, je suis fière

De l'Excellence et la Science,

Que toute humanité rêve en Transcendance

J'ai apporté un sac court,

Des livres sont tombes pour

Créer un Espace commun

Et Rêver du lendemain.

Je suis ébahie de la Générosité

La langue s'est tue de la frénésie

Du Respect et de la Loi

Pour reprendre Confiance en Soi.

La vie n'est éternelle

J'ai vu des Jours de plus belle

J'aime la culture solennelle

Et les voix sont sensationnelles.

Je suis tombée amoureuse de Tanger

On m'a collé un Berger

J'ai sollicité un Budget

Et J'ai créé le Vrai Projet.

Tout est devenu Clair

Les Etoiles sont ma lumière

Les Gens, Une étincelle solaire

Et les mots fusent plus clair.

LE MAROC, AVEC PLAISIR !

Le Maroc avec vue, Hauteur

Je vois les océans, splendeur

Je capte la cuisine, odeur

Je travaille le pays, couleur

Je visionne l'avenir, ardeur

Toutes les subtilités, annonceurs

La vie vît à travers Moi,

Le rêve est enjolivé en Toi,

L'histoire est une culture, un Toit

Les gens sont chaleurs, sans poids

Tout est compté, au bout des doigts

Le sourire ne se ressemble, une Loi.

Taquiner la mise, SOLEIL

Bronzer la plage, MER

Tamiser la nuit, LUNE

Ratisser les rues, TERRE

Te confondre, Tapis Rouge

Te sublimer, Etoile Verte

Te regarder, par les Rides

De tes frontières Intrépides.

Juxtaposer la plume,

Découvrir les villes brumes,

Souligner les lignes farouches,

Les mots ne sortent des bouches,

Silence est un Rêve,

Le pays est un havre de trêve,

La cuisine est ratatouille,

Les tajines ne peuvent être une andouille,

Saluer les esprits paisibles,

Dans un pays où tout est possible !

Travailler la terre, blédard

A ton look, je m'enfouis pétard

A te parler, c'est une discussion placard

De mes idées, je sors les cafards

Ta simplicité est un bonheur,

Arrêter les larmes et les gens en pleurs,

Ne plus parler de malheur,

Faire le voyage en fleurs.

Industrie, je te suis

Sortir les gens du puits,

Solitaire et écrivain,

Du sourire qui passe en vain,

Je t'aime mon pays,

Je te hais mon ennemi,

Je suis persévérant,

Au devenir saillant,

Je vole au secours des gens.

AU REVOIR

UN REVE PLANTE LE DECOR,

JE NE VOIS LA LOI DEMEUREE,

A TON CRI, JE REGARDE LES NUAGES

A TA MERCI, JE RESTE EN VOYAGES

A TA RENCONTRE, JE NE BOUGE PLUS

A TON DEPART, JE FAS LE TOUR DU MONDE

TU ES LE JOUR ET LA NUIT,

MAIS NOTRE AMOUR, N'EST PLUS POSSIBLE !

La course contre la montre

Cours, Cours,

Un parcours sans limite,

Le cœur est mort,

Sa flamme porte le deuil,

Parfois le bonjour,

Je suis, Tu es, Tout est confus

Sur un linge détendu,

Tout ressemble à un seuil,

L'ensemble est groupé dans un recueil.

UNE FANTAISIE MAROCAINE ...

Une réalité notoire, à travailler les esprits et les relations internationales. J'ai vu des rêves se dilapider de leurs sens, des mouvements courir a sens contraire, une vérité sans aucun sens ; J'ai cru pendant un instant que j'ai été balancée dans un autre pays. Heureusement, les sonorités marocaines retentissaient soulagement, cruellement, relativement et fière ; savourer les instants magiques des couleurs et des rivalités culturelles sur un même territoire, ne vous laisse aucune piste de réflexion pour les non-dits. Toutefois, les cloches sonnent et la réticence singulière d'un effet psychologique est entrain de couler sous les ponts ; façon exagérée peut-être mais retrouvailles carrelées sur un visage beau, reflète l'authenticité de la matière et la manière de travailler le parquet. Je n'étais pas au courant du revers du décor, alambiquant sur une arrière-cour d'un chemin de fer, aplatissant les changes entre deux rives et traversant les arbres incorporés, passant la main à une petite fille pour la secouer dans cette rive. Je l'ai laissée la abandonnée, sans secours, sans merci, sans relâche, singulière, inerte, morte, faisant de cette petite sœur une prouesse sur laquelle je jouais les pianistes évaporées et un monde virtuel sonore, façon caméléon, sans en faire trop de la Merci ordinaire. Je suis, tu es et nous sommes, à écrire les devants salopettes à une peinture apocalyptique.

SORTIE DU LIVRE

C'est une parodie du bonheur :

CIEL, CIEL,

JE TE VOIS EN COULEURS,

OUI, MAIS JE SUIS PAS EN BONHEUR

JE SUIS EN RETENTISSEMENT SECONDAIRE,

JE TE PARLE, DE FACON AMER

JE VAIS TE DETRUIRE SOLEIL,

JE TE REVOIS TERRE, ŒIL

JE TE DEDICACE, ORGUEIL

JE TE PLUME, FEUILLE

JE T'INCAPARRE, DEUIL !

LIVRES

LIVRES

- POESIE BAROQUE
- BAROQUE WORLD !
- BUTTERFLY EFFECT
- LE CAMELEON
- SLAM YOUR LIFE
- LA PLUME PSYCHOLOGIQUE
- LA PLUME PSYCHOLOGIQUE : LE MONDE VIRTUEL
- LE MAROC VISIONNAIRE

#KENZATHERAPY SUR TWITTER

CONTACTS

Twitter: @laestycia

Instagram: @kencool26

LinkedIn: #laplumekenzaouite

مغربنا
فخرنا
MOROCCO

MIX
Papier aus verantwortungsvollen Quellen
Paper from responsible sources
FSC® C105338

Printed by Books on Demand GmbH, Norderstedt / Germany